Zacharias Tanee Fomum

DISCIPLE COUTE QUE COUTE

Éditions du Livre Chrétien

4, rue du Révérend Père Cloarec

92400 Courbevoie France

editionlivrechretien@gmail.com

Cet ouvrage est la traduction française du livre :
Discipleship at any cost

Ce livre a déjà été tiré en 6 000 exemplaires.
Quatrième impression, 2007, 2 500 exemplaires.

Edité par :

Editions du livre chrétien
4, rue du Révérend Père Cloarec
92400 Courbevoie - FRANCE
Tél : (33) 9 52 29 27 72
Email : editionlivrechretien@gmail.com

Couverture :
Jacques Maré

Table des matières

CHAPITRE 1

PRIX À PAYER POUR ÊTRE DISCIPLE

Un disciple de Christ est une personne qui a tout d'abord accepté le Seigneur Jésus-Christ comme son Sauveur personnel, et qui est donc réconciliée à Dieu, et deuxièmement, qui a engagé tout son coeur, toute sa pensée, et toute son énergie à Le chercher.

Le disciple fait de Jésus son tout, et abandonne tout ce qui pourrait faire obstacle à sa communion avec Christ. Une telle personne a Jésus pour bien suprême, et hors de Lui, elle ne désire rien d'autre. Une telle relation avec Christ dans laquelle Il devient notre tout, est très coûteuse; et puisque le Seigneur nous invite à calculer le coût, prenons la peine de l'examiner.

L'ABANDON DU PÉCHÉ

Devenir un disciple et le rester nous coûtera l'abandon de tout péché.

Le Sauveur, dont nous voulons être les disciples Se sépara Lui-même du péché, et vécut une vie sans péché, au point qu'Il put défier Ses ennemis en disant : «Lequel d'entre vous me convaincra de péché ?» Ils furent réduits au silence parce qu'Il était parfait.

Ainsi, le disciple qui est un élève de Jésus-Christ, n'a pas d'autre choix que d'apprendre à marcher sur le même chemin de pureté. Notre Sauveur est un Sauveur saint, et nous ne pouvons réellement Le suivre que si nous tournons résolument le dos à tout péché dans nos vies.

Il est impossible pour un Christ qui hait le péché de diriger une bande de disciples amoureux du péché.

Lorsqu'on parle de péché, il est naturel de se souvenir de la loi : Les dix commandements. Nous devons également considérer leurs implications. Notre Seigneur avait dit que regarder une femme avec convoitise était commettre l'adultère ; que haïr quelqu'un ou conserver la colère contre quelqu'un équivalait au meurtre. De manière similaire, nous devons nous souvenir que l'orgueil inclut l'impolitesse, ou encore le fait de se considérer meilleur que les autres ; que le commérage est l'oisiveté, et traduit probablement le manque d'un intérêt véritable pour les personnes ou pour les situations contre lesquelles nous murmurons ; que l'ivrognerie, la masturbation et la lecture de mauvais livres font tous partie de la sensualité. Nous avons tendance à exagérer nos problèmes, nos succès et même nos expériences spirituelles. Toute exagération et toute demi-vérité sont des mensonges, et par conséquent, sont des péchés devant Dieu.

Il est triste de constater que des gens qui connaissent le Seigneur Jésus, et qui devraient mieux savoir quoi faire, sont souvent piégés dans de tels péchés, et donnent l'impression au monde qu'il n'y a pas de victoire dans le Seigneur. C'est encore plus grave lorsque nous déclarons «être remplis de l'Esprit» et cependant continuons à vivre dans le péché.

Si l'un de ces péchés domine notre vie, une chose est certaine : nous ne sommes pas remplis de l'Esprit, car le Saint-Esprit ne peut pas remplir un vase souillé.

Quand le Saint-Esprit veut remplir une personne, Il la purifie d'abord de tout péché, puis pénètre tous les secteurs de la vie de cette personne pour les soumettre à l'obéissance de Christ. Là où il y a le péché, le Saint-Esprit est de toute évidence très limité.

Si notre attitude vis-à-vis du péché n'est pas réglée, s'il nous manque cette haine du péché créée par le Saint-Esprit, et si nous ne travaillons pas dans la pratique et par la prière pour être libérés de tout péché dans nos vies, alors, nous ne pouvons pas être des disciples.

Nous pouvons rester chrétiens, et même nous tromper nous-mêmes que nous servons Christ. D'autres peuvent aussi le penser, mais ne nous méprenons pas, car Dieu ne voit pas comme l'homme voit. L'homme regarde à ce qui frappe les yeux, mais Dieu regarde au coeur. Le Seigneur regarde à notre coeur aujourd'hui. Que voit-Il ? Voit-Il un coeur propre qui hait le péché, ou bien voit-Il un coeur tâché et souillé par le péché ?

Si nous sommes pécheurs, alors le point de départ est à la croix. Nous devons nous tourner vers Dieu et Lui dire exactement ce que nous sommes. Nous devons Lui dire : «Seigneur, j'ai péché». Nous devons également citer nos péchés devant Lui avec précision.

Il est vain de procéder à une confession générale ou partielle ; ce serait se moquer de Dieu.

Après la confession, nous devons tourner le dos au péché dans un acte délibéré, et demander à Dieu de nous pardonner et de nous purifier. Ensuite, nous devons procéder à la restitution par laquelle nous restaurons ce qui a été détruit par le péché.

Enfin nous devons demander au Saint-Esprit de contrôler chaque aspect de notre vie et d'en prendre possession pour Dieu. Tout cela est à la base de toute vie de disciple.

L'ABANDON DES BIENS

Devenir disciple nous coûtera nos biens. Les premiers disciples abandonnèrent tout lorsque Jésus leur demanda de Le suivre pour qu'Il fasse d'eux des pêcheurs d'hommes - Nous apprenons que Pierre et André abandonnèrent immédiatement leurs filets et Le suivirent, que Jacques et Jean laissèrent leur père Zébédée dans le bateau en compagnie de ses ouvriers, et suivirent Jésus ; que Matthieu se leva et suivit Jésus sur-le-champ. Pour ces pêcheurs, suivre Jésus mit fin à leur carrière de pêcheurs. Cela mit fin également à la situation matérielle confortable de Matthieu qui, n'avait pourtant pas attendu pour savoir comment se réglerait la question de sa pension de retraite. Poissons et argent furent abandonnés dans un acte décisif, sans regret ni remise en cause. Tout ce que ces hommes savaient était que Jésus, le Seigneur, les avait interpellés, que Son invitation était pressante et exigeait une réponse immédiate. Ces disciples n'avaient aucun choix. Ils auraient pu présenter des excuses très bien raisonnées et légitimes : leur entreprise ferait faillite, et leur famille souffrirait. Mais ils ne firent pas cela. Tous laissèrent tout immédiatement et suivirent Jésus.

Faites une comparaison entre leur attitude et celle du jeune homme riche : Il vint à Jésus en courant, se prosterna et Lui posa une question d'importance majeure. Il vint en courant pour montrer qu'il comprenait l'urgence de la situation. Il s'adressa à la personne qu'il fallait : le Seigneur Jésus. Il se prosterna pour montrer qu'il reconnaissait que Jésus est Seigneur, et posa la question la plus pertinente qui soit. Le Seigneur lui répondit : *«Si tu veux être parfait, va, vends ce que tu possèdes, donne-le aux pauvres, et tu auras un trésor dans le ciel. Puis viens, et suis-moi. Après avoir entendu ces paroles, le jeune homme s'en alla tout triste ; car il avait de grands biens»* (Matthieu. 19 : 21-22).

Peut-être allons-nous dire : «Dieu merci, nous n'avons pas de grands biens», mais qu'en est-il de ces mille francs, de ces cent francs que nous possédons ? Sommes-nous prêts à les donner pour l'oeuvre du Seigneur ? Si nous ne donnons pas nos cent francs lorsque nous possédons peu, nous ne pourrons pas en donner mille lorsque nous posséderons davantage. Cela semble plus facile d'avoir une certaine somme d'argent pour une chemise neuve ou pour un corsage que d'en avoir pour le Seigneur. Que c'est triste !

Nous devrions considérer nos biens, puis dans la prière, demander au Seigneur de nous montrer ce que nous devons donner aux pauvres. Un étudiant chrétien interne décida d'offrir durant un trimestre, son repas de midi à un étudiant externe très démuni. Chaque jour, cet étudiant chrétien se contentait du petit déjeuner et du repas du soir, et donnait son repas de midi à l'étudiant non-chrétien. Ce ne fut pas facile, mais à la fin du trimestre, l'étudiant non chrétien fut gagné au Seigneur par cette démonstration d'amour sacrificiel.

Peut-être devrions-nous confronter le fait que nous sommes des amoureux de l'argent et des biens matériels, en réalité, amoureux du monde, et que le commandement qui dit : «*N'aimez point le monde, ni les choses qui sont dans le monde*» (1 Jean 2 : 15) n'a pas été obéi.

Se pourrait-il que «l'amour du Père» ne soit pas en nous ? Très peu parmi nous donnent de façon substantielle à l'oeuvre du Seigneur. Bien sûr, nous pouvons déposer dans la corbeille une, cinq, quelquefois même dix petites pièces d'argent, mais peut-on appeler cela donner ? Dieu n'est pas un tas d'ordures sur lequel nous jetons les choses que nous ne voulons pas. Si nous ne donnons à Dieu que les choses dont nous pouvons nous séparer sans souffrances, nous ne savons pas ce que signifie «donner». Nous devons donner jusqu'à ce que cela nous fasse mal de donner. Dieu n'est pas un mendiant, et beaucoup d'entre nous aujourd'hui s'écrient «Gloire au Seigneur !» alors qu'en fait, nous sommes comme le jeune homme riche, trop riches pour tout abandonner.

S'il nous faut devenir de vrais disciples, tous nos biens doivent subir une double séparation. D'abord, ils doivent être séparés du diable et du monde, de façon à ce que le diable ne puisse pas en contrôler l'usage. Deuxièmement, ils doivent être séparés de nous-mêmes pour que notre «moi» égoïste n'ait plus la possibilité de les accumuler. Biens et argent ainsi mis à part, doivent être offerts complètement au Seigneur, non pas seulement un dixième, mais la totalité.

Lorsque toutes nos possessions sont ainsi consacrées au Seigneur, au point où nous ne possédons plus rien, excepté le Seigneur Lui-même qui devient notre possession et notre héritage, nous sommes alors vraiment riches. Le Seigneur fera de nous les intendants des biens qui lui ont été consacrés au point où: que nous donnions mille francs à l'oeuvre du Seigneur ou que nous les utilisions pour acheter de la nourriture, nous pouvons demeurer dans la paix, parce que nous sommes des serviteurs qui exécutons Ses ordres. Aucun disciple n'a le droit de garder ou de donner une somme quelconque d'argent, sans les instructions précises du Seigneur. Nous aurons à rendre compte non seulement de ce que nous avons gardé et qui aurait dû être donné, mais également de ce que nous avons donné en dehors de la volonté du Seigneur.

A certains, le Seigneur demandera littéralement « d'aller vendre tout ce qu'ils possèdent et de le donner aux pauvres ». Sommes-nous prêts au cas où le Seigneur nous demanderait de le faire ? Cela fait partie du prix à payer pour être disciple.

Quiconque ne renonce pas à tout ce qu'il possède, ne peut être disciple du Seigneur Jésus.

L'ABANDON DES AMBITIONS PERSONNELLES

Beaucoup de gens sont très ambitieux. Certains veulent être très riches, d'autres veulent devenir des médecins de renom, ingénieurs ou savants. Mais peu de personnes veulent réellement servir le Seigneur Jésus. Il existe même un mythe selon lequel en cas d'échec au BEPC ou au Baccalauréat, on devrait aller travailler dans l'église ou même devenir pasteur. Pour beaucoup de gens, il n'y a que les ratés qui sont bons pour Dieu. Quelle tragédie ! Dieu mérite le meilleur qui peut être obtenu. Si quelqu'un a obtenu d'excellentes notes au Baccalauréat, s'il a sa licence avec mention «très bien», une maîtrise ou un doctorat, n'est-ce pas là la personne que Dieu désire ? Bien sûr, Il peut utiliser des gens qui ont échoué, mais qui est digne de ce qu'il y a de meilleur si ce n'est notre Dieu?

Pendant que nous réfléchissons à notre vie et à tout ce que nous réserve le futur, il est bon de se rappeler que nous n'emprunterons ce chemin qu'une seule fois. Nous n'avons qu'une vie. Si elle n'est pas totalement consacrée au Seigneur, elle est gâchée, et quel triste gaspillage.

Si nous nous cramponnons à nos ambitions égoïstes, même s'il s'agit d'ambitions spirituelles égoïstes, nous échouerons lamentablement. Les fils de Zébédée voulaient s'asseoir l'un à la gauche, l'autre à la droite du Seigneur dans Son royaume. Ils avaient à coeur leur propre grandeur et le Seigneur ne leur accorda pas cela.

Lorsque nous avons abandonné nos ambitions personnelles, nous devons demander au Seigneur quels sont Ses plans.

Qu'est-ce que le Seigneur veut que nous fassions dans ce pays aujourd'hui ? Quel est le plan du Seigneur pour notre peuple ? Si nous posons de telles questions et recevons des réponses du Seigneur, faisant de Ses desseins notre ambition ; si ensuite nous allons de l'avant pour Le servir, et au besoin pour donner notre vie pour l'accomplissement des désirs de Son coeur, nous aurons commencé à vivre vraiment.

L'ABANDON DES BIEN-AIMES

Le Seigneur Jésus avait dit : «*...et l'homme aura pour ennemis les gens de sa maison*». (Matthieu. 10 : 36). Il se pourrait que le Seigneur nous demande de rester dans l'ombre, occupés à un travail que le monde trouve insignifiant. Il pourrait nous appeller à Le servir à plein temps dans l'entreprise de l'Evangile, ce qui n'est pas très lucratif. Que ferons-nous si nos familles disent : «non» ? Jésus dit : « *Celui qui aime son père ou sa mère plus que moi n'est pas digne de moi, et celui qui aime son fils ou sa fille plus que moi n'est pas digne de moi*». (Matthieu 10 : 37). S'il surgissait un tel conflit, le disciple est appelé par amour pour le Seigneur et pour sa famille, à obéir au Seigneur qui a des droits prioritaires sur sa vie.

Qu'en est il de ceux qui pensent au mariage ou qui projettent de se marier ? Quoiqu'il en soit, nous devrions d'abord être clair sur le point suivant : « le Seigneur est-t-Il partie prenante à tout cela ? » Je ne parle pas de la relation entre un chrétien et un non-chrétien qui est interdite par la Bible (2 Corinthiens 6 : 14). Je parle de quelque chose qui paraît très légitime. Sommes-nous préparés à rechercher sincèrement la volonté de Dieu ? Parmi les douze apôtres du Seigneur, il semble que ceux qui étaient célibataires au moment de leur appel le soient restés toute leur vie. Le travail du royaume de Dieu ne leur avait pas ouvert le droit au mariage. Ce même Seigneur appelle encore certaines personnes aujourd'hui à devenir des "eunuques pour la cause de l'Evangile."

Sommes-nous préparés si telle était la volonté du Seigneur, à renoncer au mariage pour Sa cause ? Pouvons-nous abandonner entre Ses mains notre droit au mariage en Lui disant : «Seigneur, je demeurerai célibataire avec joie pour Ta cause si Tu le veux ainsi ?»

Cela ne concerne pas seulement ceux qui ne parviennent pas à trouver quelqu'un avec qui se marier ; mais cela doit être un choix délibéré maintenant, l'avenir étant incertain, de laisser à la croix notre droit au mariage.

L'ABANDON DE SA VIE

Il est possible d'abandonner, argent, biens, temps, carrière, parents, amis et mariage au Seigneur tout en retenant notre être, notre vie.

Après nous être débarrassés de nos biens, nous disposons encore de notre être.

Le Seigneur Jésus ne s'arrête pas aux choses, mais Il veut que nous renoncions à notre être même. « *Si quelqu'un veut venir après moi, qu'il renonce à lui-même, qu'il se charge de sa croix et qu'il me suive* ». (Matthieu 16 : 24). Cela signifie que pour autant que nous sommes concernés, nous sommes « supprimés », mis de côté. Nous sommes prêts à mourir pour Lui, prêts à être grands ou à n'être rien selon qu'Il le désire. L'apôtre Paul avait dit : « *Ce n'est plus moi qui vis, c'est Christ qui vit en moi.* » (Galates 2 : 20). Si nous nous engageons dans cette vie de renoncement quotidien à nous-mêmes, et nous abandonnons aux exigences d'une telle vie, nous pouvons alors vraiment devenir disciples de Jésus-Christ.

Etre disciple signifie l'abandon de tout pour toujours.

LE MOMENT D'AGIR

Le Seigneur Jésus veut des disciples aujourd'hui. Il veut des personnes séparées du péché et du « moi ». Cela n'est pas une chose à remettre au lendemain ; quiconque refuse de s'abandonner complètement au Seigneur aujourd'hui ne le fera probablement pas dans l'avenir. Certains rêvent d'agir demain, mais le Seigneur exige l'action aujourd'hui. Nous ne pouvons reporter à plus tard la décision d'un abandon total au Seigneur. Il peut revenir plus rapidement que nous ne le pensons ; la mort peut nous surprendre. Dans l'un ou l'autre cas, nous n'aurons plus la possibilité de travailler pour Lui. Le ciel est un lieu pour louer et glorifier Son nom, et non un lieu pour le travail et le service. Les occasions perdues maintenant ne seront jamais retrouvées. Nous sommes appelés à vivre cette minute pour la plus grande gloire de Dieu.

Bien plus, les forces de l'ennemi s'élèvent haut contre nous ; personne ne sait dans combien de temps la prédication de la croix de Christ sera considérée comme une offense criminelle. Nous devons exploiter au maximum les occasions de prêcher l'Evangile. Pour cela, il nous faut nous abandonner complètement à Jésus Christ.

Une prière du genre : « Seigneur Jésus, aujourd'hui je renonce à toutes mes ambitions personnelles, à tous mes projets, à tous mes désirs, à tous mes espoirs et j'accepte Ta volonté pour ma vie. J'abandonne ma vie. Je renonce à ma vie, à mon être même, à tout ce que je suis, pour T'appartenir pour toujours. Prends en main toutes les personnes que j'aime, et tous les biens que je possède ou posséderai. J'abandonne maintenant mon tout entre Tes mains dans un acte de consécration duquel seule la mort me séparera. J'accepte joyeusement Ta volonté pour ma vie, et je continuerai à l'accepter chaque jour, quel que soit ce que cette volonté me réserve. Donne-moi d'être tout ce pour quoi Tu m'as sauvé, et tout ce que tu veux que je sois, coûte que coûte » est une prière que nous devons faire sincèrement, et vivre quotidiennement.

Cela nous paraît-il excessif ? Est-ce trop coûteux ? Celui qui a quitté toute la gloire du ciel pour mourir seul sur la croix solitaire n'a pas considéré que le prix était trop élevé. Comment cela serait-il trop coûteux pour nous qui sommes appelés à suivre Ses traces ? Cela semble-t-il être un gaspillage de sa vie ? Non ! Si cette vie est dépensée pour Celui qui S'est Lui-même dépouillé de tout pour que nous soyons remplis de Sa divine majesté.

CHAPITRE 2

LES FONDEMENTS DE LA VIE D'UN DISCIPLE

L'abandon total du "moi" et de toutes choses entre les mains de Jésus Christ n'est que le commencement. C'est la porte d'entrée dans la vie de disciple. Ce n'est pas la fin, et quiconque voudrait considérer cela comme la fin, s'apercevra que cela ne marche pas. Celui dont nous voulons être les disciples, prit un engagement définitif en faveur de l'humanité dans les cieux, mais Il dût vivre cet engagement sur la terre. Pour accomplir la volonté de Son Père, il Lui fallait faire deux choses : d'abord connaître cette volonté, deuxièmement l'accomplir. La connaissance et l'obéissance furent les mots-clé de la vie de notre Seigneur. Si nous voulons être Ses disciples, nous devons commencer à partir du fondement ferme de la connaissance et de l'accomplissement de Sa volonté.

UN ETUDIANT DE LA PAROLE DE DIEU

Le Seigneur Jésus connaissait parfaitement les Ecritures. Il disait fréquemment : «Il est écrit», quand Il affronta le diable. Il utilisa les Ecritures quand Il confronta les pharisiens. En enseignant les foules, et en instruisant Ses disciples, « *commençant par Moïse et par tous les prophètes, il leur expliqua dans toutes les Ecritures ce qui le concernait.*» (Luc 24 : 27).

Les Ecritures que Jésus expliquait étaient les textes de l'Ancien Testament.

Le Psalmiste aimait et avait soif de la Parole de Dieu.

Les apôtres s'adonnaient en priorité à l'étude de la Parole de Dieu et à la prière.

L'ordre que Dieu avait donné à Josué était : « *Que ce livre de la Loi ne s'éloigne point de ta bouche, médite-le jour et nuit pour agir fidèlement selon tout ce qui y est écrit, car c'est alors que tu auras du succès dans tes entreprises, c'est alors que tu réussiras.* » (Josué 4 : 8). Pour nous, la Parole de Dieu est la Bible entière.

Le disciple prend la Parole de Dieu au sérieux. D'abord il la lit, toute entière, et cela peut être fait aisément en un an. Un lecteur moyen n'a besoin que de 77 heures pour lire la Bible en entier (pas seulement ses passages favoris). Le disciple prend au sérieux aussi bien l'Ancien que le Nouveau Testament. Non seulement il lit la Parole, mais il l'étudie. Il utilise son intelligence pour méditer et comprendre au fur et à mesure qu'il réfléchit sur ce que la Parole lui dit. De cette façon, il y appliquera toutes ses facultés, et à genoux, demandera à Dieu la révélation nécessaire pour une compréhension profonde. Pendant que nous étudions la Parole de Dieu, deux facteurs doivent intervenir : une pensée pleinement éveillée en face de la Parole de Dieu, et un esprit demandant avec soumission à Dieu de nous révéler les vérités profondes qui ne peuvent être saisies par notre intelligence uniquement. Un trop grand nombre d'entre nous a peur de réfléchir sur la Parole de Dieu, comme si notre intelligence n'avait pas été créée par Lui. Nous devons donc nous poser les questions suivantes : Est-ce que j'aime la Parole de Dieu ? Est-ce que je la lis et l'étudie tout en priant d'être éclairé par le Saint-Esprit qui est l'Auteur de la Parole ? Est-ce que j'apprends certains passages par coeur de façon à pouvoir dire avec le Psalmiste « *Je serre ta parole dans mon cœur, afin de ne pas pécher contre toi* » ?(Ps.119:11).

Il y a de nombreuses raisons pour lesquelles la Parole ne doit pas être négligée, et pour lesquelles nous devons la lire, l'étudier, et la méditer de façon quotidienne.

La première en est que si cet amour de la Parole est absent, cela prouve clairement que nous n'aimons pas le Seigneur ; quelqu'un a dit : « La Bible est une lettre d'amour de Jésus à Ses bien-aimés que nous sommes ». Connaissez-vous une personne qui refuserait de lire et relire une lettre de la personne qui l'aime et qu'il aime ?

La seconde raison en est que nous ne pourrons pas connaître Sa volonté pour notre vie si nous ne lisons pas Sa Parole. La Bible est le principal instrument que Dieu utilise pour guider Ses enfants. Bien sûr, le Saint-Esprit en certaines occasions parle directement à notre coeur, mais seul celui qui possède une solide connaissance de la Parole de Dieu saura comment utiliser ces informations directes, et évitera d'être trompé par le diable imitant la voix du Seigneur.

Obéir au Seigneur est obligatoire, et nous ne pouvons obéir que si nous savons ce à quoi obéir.

Troisièmement, celui qui néglige la Parole de Dieu deviendra rétrograde, et fera certainement naufrage en ce qui concerne sa foi. Un enfant qui ne mange pas meurt ; mais aussi, un enfant qui reste au lait trop longtemps ne se développera pas correctement.

Si nous n'avons pas pris la Parole de Dieu au sérieux, mais que nous voulions devenir ou rester disciples du Seigneur, nous devons nous repentir, demander Son pardon pour notre manque d'amour de Sa Parole, et commencer immédiatement à l'étudier. Il y aura des moments où nous n'aurons pas envie de la lire, mais l'amour ne consiste pas seulement en un sentiment, c'est aussi le produit de la raison. Il y a eu des moments, dans mon expérience, où je n'ai pas ressenti l'envie de lire la Parole de Dieu, mais lorsque, ne tenant pas compte de mes sentiments je me suis forcé à la lire, Dieu m'a béni. Il est plein de miséricorde. Le juste vivra par la foi et non d'après ses émotions.

Un lutteur a genoux

Dans Marc 1 : 35, il est dit du Seigneur Jésus-Christ que « *Vers le matin, pendant qu'il faisait encore très sombre, il se leva, et sortit pour aller dans un lieu désert, où il pria*», et encore dans Luc 6 : 12-13 «*En ce temps-là, Jésus se rendit sur la montagne pour prier, et il passa toute la nuit à prier Dieu. Quand le jour parut, il appela ses disciples, et il en choisit douze, auxquels il donna le nom d'apôtres*». Il semble étrange que Jésus-Christ qui est le Seigneur tout-puissant ait eu besoin de prier. Il semblait cependant avoir eu un principe que quelqu'un a exprimé ainsi: «il avait décidé de ne pas voir la face de l'homme avant d'avoir vu la face de Dieu ; de ne pas parler de Dieu à l'homme avant d'avoir parlé de l'homme à Dieu». Ceci en quelque sorte fixe le modèle pour une vie de disciple. Pour Jésus, la prière était si importante qu'Il lui réservait cette partie de la journée où Il était le plus frais. C'était Son affaire numéro un ; le disciple doit accorder la même priorité à la prière. Il doit commencer la journée avec un moment sérieux de prière, et non pas juste lancer quelques phrases à Dieu pour soulager sa conscience.

La prière n'est pas un gaspillage de temps. Jésus passa la nuit entière en prière avant l'importante tâche de choisir les douze apôtres. Cette attitude trace de différentes manières, le schéma de la vie de prière du disciple. Nous devons également apprendre à partir de l'exemple de Martin Luther qui avait une fois dit : « J'ai tellement de travail aujourd'hui, qu'il me faut passer les trois premières heures de la journée en prière ». Il avait découvert que la prière facilitait le travail. Le disciple devrait prier avant d'entreprendre toute tâche ; il devrait prier pendant que sa tâche est en cours, et à la fin de la tâche. A moins que nous ne soyons déterminés à prier, nous ne devrions pas nous déranger d'accomplir une tâche quelconque pour le Seigneur.

LE CARACTERE PRIVÉ DE LA PRIÈRE

Le Seigneur Jésus recherchait un endroit solitaire pour la prière. Il avait aussi enseigné que la prière personnelle devait avoir un caractère privé. La prière en groupe, ainsi que la prière avec un ami, ont leur place dans la vie du disciple; cependant notre stature spirituelle ne peut être déterminée sur la base de la prière publique ou en groupe. Beaucoup peuvent être emportés et prier pour leur propre gloire. C'est la prière en privé, la prière personnelle qui révèle le niveau spirituel et les progrès d'une personne. Il n'y a que peu d'enfants de Dieu qui cherchent des endroits solitaires pour y prier.

Combien de temps passons-nous en prière chaque jour ? Cinq minutes, dix minutes, une demi-heure, une heure ? Notre réponse à cette question est révélatrice de l'amour que nous avons pour le Seigneur. Nous devons confronter le fait que si nous n'aimons pas Lui parler seul à seul, il se pourrait que nous ne L'aimions pas réellement.

LES SUJETS DE PRIERE

Jésus nous a appris dans l'oraison dominicale que la priorité dans la prière devrait être « *que ton nom soit sanctifié ; que ton règne vienne ; que ta volonté soit faite...*»plutôt que « donne-moi ceci, cela et cela ». Il voulait dire par là que le souci premier du disciple doit être de voir le nom de Dieu sanctifié ; le Royaume de Dieu s'établir dans le coeur des hommes, et Sa volonté s'accomplir. Il voulait dire par là que les requêtes en faveur de nos besoins personnels ne devraient venir qu'en second lieu. Nous devons nous demander si nos prières reflètent une telle attitude de coeur ; si la réponse est «non», cela explique peut-être pourquoi il y a tant de prières qui ne sont pas exaucées parmi les enfants de Dieu.

Jacques nous dit : « *vous demandez, et vous ne recevez pas, parce que vous demandez mal, dans le but de satisfaire vos passions.*» (Jacques 4:3) L'exhortation biblique est : « *Cherchez premièrement le Royaume de Dieu et Sa justice et toutes ces choses vous serons données par dessus.*» (Matthieu 6 : 33). Si nous cherchons Son Royaume et Sa gloire dans toutes nos requêtes, nous pouvons ensuite lui présenter nos besoins.

Nous devons être spécifiques car Jésus a dit : « *si vous avez la foi comme un grain de moutarde, vous direz à CETTE montagne...*» Il n'a pas dit « vous direz à UNE montagne ». Faire des prières générales nous amène à perdre bien des bénédictions, car nous ne saurons pas discerner lorsque la prière aura été exaucée. Pour ma part, je mets par écrit la plupart de mes requêtes y compris la date à laquelle j'ai prié pour la première fois pour ce sujet, la référence biblique qui montre que Dieu a promis de répondre dans cette direction, la date à laquelle la réponse a été obtenue, et la façon dont Dieu a répondu. Ce faisant, cela m'aide premièrement à être spécifique, deuxièmement à rendre grâces pour les exaucements, troisièmement à découvrir comment Dieu procède pour exaucer les prières, et enfin l'enregistrement me sert d'argument que je présente au diable en temps de difficulté, pour lui prouver que Dieu est fidèle et répond aux prières.

Toute chose qu'on demande en dehors de la volonté de Dieu ne sera pas accordée. Notre tâche première est donc de rechercher Sa volonté au sujet des choses que nous voulons demander. Cela nous épargnera de beaucoup de douleur et de déception, car Dieu ne changera pas d'avis pour nous donner quoi que ce soit en dehors de Sa volonté, à moins que cela ne fasse partie de Son jugement sur nous, selon ce que dit Sa Parole : « *Il leur accorda ce qu'ils demandaient, puis il envoya le dépérissement dans leur corps.*» (Psaume 106 : 15).

Combien nous devons être sensibles à la direction du Saint-Esprit !

IL EST DISCIPLINÉ

Le disciple doit être discipliné. Il ne peut pas juste laisser les choses prendre leur cours normal. Il doit combattre dans sa vie toute tendance au laisser-aller. L'étude de la Bible et la prière sont le travail dur. Naturellement, il est très facile de les négliger. Le chemin du progrès est de nous dire avec la plus grande fermeté « je dois faire ce que le Seigneur me demande, que j'aime cela ou non ». L'apôtre Paul dit : *«Je traite durement mon corps et je le tiens assujetti, de peur d'être moi-même rejeté après avoir prêché aux autres.»* (1 Corinthiens 9 : 27). Cela veut dire que nous devons dire «non» à toute tendance à la paresse. Une personne paresseuse ne peut être disciple du Seigneur Jésus. Il n'y a pas de place pour ceux qui ne peuvent se soumettre à un travail sérieux. Si nous mangeons trop, jouons trop, parlons trop, dormons trop, nous devons implorer la miséricorde de Dieu. En tant que disciples du Roi de gloire, et sachant que nous aurons à rendre compte de toute parole que nous aurons prononcée, de toute minute que nous avons passée, combien nous devons veiller pour être sûrs que nous sommes esclaves du Seigneur Jésus et de rien d'autre.

Le défi auquel nous faisons face est d'une telle ampleur qu'une agonie dans l'intercession et dans le jeûne est indispensable.

Sommes-nous suffisamment disciplinés pour être à la hauteur de toutes ces choses ?

UN SERVITEUR OBÉISSANT

Il est dit du Seigneur Jésus qu'Il a été obéissant jusqu'à la mort sur la croix. De cette façon, Il a préparé et tracé le chemin de tous Ses futurs disciples. L'obéissance faisait partie intégrante de Sa croix qu'Il a portée chaque jour de Sa vie. Le point culminant a été atteint lorsqu'Il est mort au calvaire, comme acte final d'obéissance.

Le disciple doit obéir. Si au cours de notre étude de la Bible, nous recherchons la volonté de Dieu, et qu'après l'avoir découverte, nous nous en détournons, nous nous privons du privilège d'être Ses disciples.

Il y a un genre d'obéissance qui découle d'une simple résignation à la volonté de Dieu, et qui dit : «Je dois obéir, car il n'y a pas d'issue, Dieu est plus grand que moi, Sa main me retient prisonnier. Que puis-je faire d'autre ?» Ce n'est là qu'une obéissance de deuxième classe. Ce n'est pas l'obéissance issue de l'amour.

Le genre d'obéissance qui réjouit le coeur de Dieu, est cette obéissance joyeuse qui jaillit d'un coeur qui L'aime. Par obéissance, nous pourrons être appelés à souffrir grandement à cause de Son nom. Mais nous passons à côté du but si nous ne souffrons pas joyeusement. Il ne s'agit pas d'une joie émotionnelle, mais d'une joie qui dit: «C'est la volonté de mon Père, je L'aime et je la ferai.»

Dieu exige l'obéissance dans les petites choses. Il pourrait nous demander juste une chose simple telle que : ne pas prononcer un certain mot, ne pas entretenir une certaine pensée, ne pas s'asseoir auprès d'une certaine jeune fille ou garçon, rendre visite à une certaine personne ou donner une certaine somme à une personne précise. Dieu exige une obéissance instantanée, même dans d'aussi petites choses que celles-ci. Désobéir signifierait se disqualifier à faire pour Lui, les grandes choses qu'Il pourrait nous demander.

Dieu nous demandera aussi d'obéir dans de plus grandes choses. Prenons l'exemple d'Abraham. Dieu lui demanda d'emmener à Morija son fils unique Isaac qu'il aimait tendrement, et de l'y offrir en holocauste à l'Eternel. Quelle demande ! Sacrifier son fils unique ! C'est difficile d'imaginer comment Abraham a dû réagir à cela. Cela a dû être une situation embarrassante pour lui : avoir à choisir entre Dieu le donateur, et Isaac le don. Abraham n'en discuta pas avec Sarah sa femme. Le Seigneur attendait de lui une obéissance immédiate et Abraham avait résolu d'obéir. Ce n'était pas simplement une obéissance émotionnelle. Il disposait de trois jours pour y penser et changer d'avis s'il le voulait bon. Mais il obéit jusqu'au bout et devint ainsi le père des croyants. J'ai souvent pensé qu'il y a un mont Morija et un Isaac dans la vie de chaque chrétien, et que Dieu nous appelle individuellement à y monter et à y offrir notre Isaac. Que chérissons-nous le plus ? Dieu ne nous demande-t-Il pas d'offrir cette chose en sacrifice ? Obéirons-nous ?

L'apôtre Paul n'a pas désobéi à la vision céleste. Cette obéissance lui coûta toutes choses. Nous n'en sommes pas exempts. L'obéissance est le test le plus crucial de la vie de disciple, car le Seigneur avait dit: « Si vous demeurez dans ma parole vous êtes vraiment mes disciples.»

LA TRAGEDIE D'UNE OBEISSANCE PARTIELLE

Les Ecritures abondent en de nombreux exemples de personnes qui ont voulu se jouer de Dieu, des hommes et des femmes qui avaient pensé que cela importait peu de Lui rendre une obéissance partielle. Ananias et Saphira avaient apporté une partie du prix de leur champ et avaient prétendu qu'il s'agissait du prix total. En faisant ainsi, ils mentirent au Saint-Esprit, et en conséquence, Dieu les frappa de mort tous les deux. Tel fut le salaire de l'hypocrisie et des demi-mesures en matière spirituelle.

L'histoire du roi Saül est un autre exemple qui révèle le courroux de Dieu contre un coeur partagé. Cette histoire devrait être reçue comme un avertissement par tous les disciples et futurs disciples, que l'on ne peut se moquer de Dieu, et que nous récolterons ce que nous aurons semé. Saül avait été envoyé par l'Eternel pour aller frapper les Amalécites, et les exterminer. Il y alla, les frappa, les détruisit, sauf le bétail gras, les béliers et le roi Agag. Saül obéit dans la plupart des choses, mais pas complètement. Il déclara même à Samuel qu'il avait obéi à ce que l'Eternel lui avait ordonné. Mais Samuel lui demanda *«qu'est-ce donc que ce bêlement de brebis qui parvient à mes oreilles, et ce mugissement de boeufs que j'entends ?»* (1 Samuel 15 : 14). Saül essaya de s'expliquer. Il dit que c'était pour offrir des sacrifices à l'Eternel. Mais Dieu ne Se laissa pas émouvoir, car Il prend un plus grand plaisir à l'obéissance qu'aux offrandes et aux sacrifices.

Il peut y avoir des péchés, des domaines de désobéissance, des aspects de notre vie que nous n'avons pas livrés au Seigneur, et nous pensons que personne ne s'en rend compte ; et peut-être bien que personne ne s'en rend compte, excepté Dieu. Devant Lui, cela ressemble au bêlement des brebis et au mugissement des boeufs. Si nous avons un coeur partagé et que nous continuons à l'avoir, alors le verdict prononcé contre Saül sera aussi prononcé sur nous. Ce verdict fut : *«La désobéissance est aussi coupable que la divination, et la résistance ne l'est pas moins que l'idolâtrie et les théraphim. Puisque tu as rejeté la Parole de l'Eternel, il te rejette aussi comme roi.»* (1 Samuel 15 : 23). Pour souligner ce point, Samuel ajouta : *«L'Eternel déchire aujourd'hui de dessus toi la royauté d'Israël et la donne à un autre qui est meilleur que toi.»* (1 Samuel 15 : 28).

Dieu cependant, avec amour et patience, attend la repentance du disciple désobéissant. Si nous retournons à Lui, Il nous reçoit de nouveau (Malachie 3 : 7 et Esaïe 1 : 18-20). Si nous persistons à désobéir et refusons de retourner à Lui avec un coeur repentant, Il nous rejettera, car Il n'a que faire des serviteurs désobéissants.

Si nous ne voulons pas obéir pleinement, nous signifions par là notre refus d'être disciples. Dès que Jésus présenta les exigences pour Le suivre, beaucoup de Ses disciples se retirèrent et cessèrent de Le suivre. Jésus demanda alors aux douze : «*et vous, ne voulez-vous pas aussi vous en aller? Simon Pierre lui répondit : Seigneur, à qui irions-nous ? Tu as les paroles de la vie éternelle !*» (Jean 6 : 67-68). Notre réponse est-elle l'écho de celle de Pierre ?

Puisse le Seigneur aider chacun de nous à reprendre les paroles de Pierre, et prouver notre sérieux par l'étude de la Parole de Dieu, la prière, par une obéissance totale. Nous pourrons ainsi devenir des serviteurs capables qui dispensent droitement la Parole de vie.

CHAPITRE 3

LE DESSEIN DE LA VIE D'UN DISCIPLE

L'obéissance continuelle et totale au Seigneur Jésus conduira à la ressemblance à Christ, mais cela ne se fait pas du jour au lendemain. Le disciple s'inscrit à vie à l'école de la formation du caractère de Christ. Plus il demeure à cette école, plus le fruit du Saint-Esprit abondera : l'amour, la joie, la paix, la patience, la bonté, la bénignité, la fidélité, la douceur, la maîtrise de soi, c'est-à-dire le caractère même du Seigneur Jésus.

Bien que cette ressemblance à Jésus Christ soit nécessaire pour l'Evangélisation, personne n'est obligé d'attendre d'avoir atteint la pleine stature de Christ pour commencer à s'engager dans le service chrétien. Le disciple consacré et obéissant peut s'appliquer à gagner d'autres personnes à Christ et à en faire des disciples. La tâche principale de Jésus fut de «*chercher et sauver ce qui était perdu*» (Luc 19 :10). Il disait constamment qu'Il n'était pas venu pour les justes, mais pour appeler les pécheurs à la repentance. Son but était de réconcilier les hommes à Dieu. Tout ce qu'Il fit d'autre tel que : guérir les malades, nourrir les affamés, ressusciter les morts, fut secondaire et destiné à faire avancer Son but principal. Ses premiers disciples furent aussi appelés à la tâche prioritaire de réconcilier les hommes à Dieu. «*Il en établit douze pour les avoir avec lui et pour les envoyer prêcher*» (Marc 3:14 ; 15). Il leur demanda de Le suivre pour qu'Il fasse d'eux des pêcheurs d'hommes. Ils étaient chargés de la responsabilité non seulement de pêcher les hommes, mais ils avaient aussi la charge de les enseigner afin qu'à leur tour, ils puissent enseigner les autres.

Puisque la tâche principale de Jésus fut de sauver les hommes du péché et de les bâtir à Sa ressemblance, et puisque les premiers disciples se virent confier le ministère de gagner les hommes à Christ et de les bâtir, il est évident qu'amener les gens à connaître Christ comme Sauveur et les bâtir à Sa ressemblance, est la responsabilité de chaque disciple.

Quiconque a reçu Christ se trouve dans l'obligation devant Dieu de grandir dans la connaissance de Son Sauveur, et de gagner une autre personne, qui grandira à son tour.

Dieu veut que l'Evangélisation et la croissance spirituelle soient des processus qui s'enchaînent, et chacun d'entre nous doit s'assurer qu'il est un facteur dynamique dans la progression de la chaîne.

LES RESSOURCES DISPONIBLES POUR LA TACHE

La ressource principale pour la tâche est la puissance même du Seigneur Jésus, mise à notre disposition par le Saint Esprit. Tout croyant a le Saint Esprit (1 Corinthiens 3 :16). Au disciple qui est vraiment uni à Christ, et qui est ouvert aux ressources que le Saint Esprit veut donner chaque jour, la puissance ne manque pas. Je ne connais personne qui, brûlant du désir de gagner des âmes, manquera de puissance pour ce travail. Il en est ainsi parce que, lorsque le désir d'atteindre les hommes pour Christ et de les édifier dans la foi devient, en nous comme un feu dévorant, cela nous amènera à reconnaître notre misère et, à genoux, nous demanderons au Seigneur de nous remplir de Son Saint Esprit. Une telle prière est toujours exaucée. Les personnes portées à la facilité, sans réel désir de service, qui sont souvent réticentes à s'humilier dans la prière et le jeûne, qui veulent la puissance simplement pour se faire remarquer, s'apercevront qu'ils ne recevrons rien du Seigneur. Ce qu'elles pensent posséder n'est pas la puissance du Saint Esprit.

Pour chacun de nous donc, les ressources sont disponibles. Jésus est la source d'eau vive et Il nous demande de venir y puiser. Nous devons boire à cette source et continuer à y boire. Nous devons nous vider de toute chose, pour qu'Il puisse nous remplir de Son Esprit. Jésus est plus que désireux, impatient de le faire ! Si nous le Lui demandons maintenant, et renouvelons notre demande tout le long de notre vie, nous ne manquerons jamais de puissance spirituelle. Cette façon de Le servir en puisant dans Sa force, tout en Lui confessant quotidiennement notre propre faiblesse, nous maintient dans l'humilité; et nous serons tentés de rechercher la garantie d'une puissance définitive. Saint Paul avait un tel souci quand il dit : «*Je me glorifierai bien plus volontiers de mes faiblesses afin que la puissance de Christ repose sur moi..., car quand je suis faible, c'est alors que je suis fort.*» (2 Corinthiens 12 : 9-10). Telle doit être notre attitude si nous devons être vraiment forts et puissants pour le service du Maître.

UN SENS D'URGENCE

Jésus avait une tâche bien précise à accomplir ; Il l'appelait «les affaires de mon Père». Ces affaires ont motivé Ses actions depuis l'âge de douze ans jusqu'à la fin de Sa vie. Il Se sentait contraint de mener cette entreprise à bien, et de le faire rapidement. Il dit qu'Il devait ramener les autres brebis, qu'Il devait s'occuper des affaires de Son père, et qu'Il devait souffrir. Il n'avait pas d'autre option. Il savait ce qu'Il devait faire, et s'appliqua à le faire. Notre problème est que nous agissons de façon très indifférente. Notre engagement pour quoi que ce soit n'est jamais complet. Nous ignorons tout de la beauté de la contrainte du devoir. Jésus avait dit : «*Ma nourriture est de faire la volonté de celui qui m'a envoyé, et d'accomplir son œuvre.*» (Jean 4 : 34). Qu'est-ce qui nous pousse vers l'avant ? Est-ce la tâche que Dieu nous a confiée à accomplir ?

Nous sommes appelés à Le servir d'une façon bien définie. Il a des responsabilités particulières pour chacun d'entre nous. Nous devons les rechercher et les accomplir. Il nous est inutile de sauter çà et là, essayant probablement de faire ce que d'autres devraient faire. Cela est source de confusion dans le Corps de Christ. Il nous faut faire le point devant Dieu ; évaluer ce que nous avons fait jusqu'ici pour Sa gloire. Si nous n'avons pas encore fait grand chose, il est très improbable que nous puissions faire plus dans l'avenir, à moins que n'intervienne une expérience critique avec Dieu qui modifiera complètement notre attitude vis-à-vis de Lui. Nous devons agir maintenant.

Les occasions qui sont les nôtres aujourd'hui pourraient ne plus se présenter à nous. L'hostilité du monde vis-à-vis de Christ ne diminuera pas dans l'avenir. Ne devrions-nous pas, nous qui sommes appelés de Son Nom et qui cherchons à Le servir, regarder à Lui à nouveau et Lui laisser éclairer notre vision ? Ceci est indispensable si nous ne voulons voir périr ceux que le Seigneur nous a confiés.

Le fruit qui demeure

Le Seigneur Jésus nous rassure que la pérennité du fruit est l'œuvre souveraine de Dieu. Cependant il est aussi évident, d'après les Ecritures que le fait que le fruit demeure ou non, dépend de la qualité spirituelle de celui qui le porte. A.W. TOZER a dit que les résultats qui suivent la prédication de l'Evangile varient proportionnellement au degré de sanctification du prédicateur. Cela veut dire qu'un homme avancé dans la consécration et dans la sanctification, produira des fruits plus durables qu'un homme qui prêche l'Evangile tout en commettant encore le péché. Je crois que cela correspond très bien à l'enseignement du Seigneur, à savoir, que le fruit qui demeure est le résultat du fait de demeurer en Lui. Je pense que le fait que beaucoup de ceux qui confessent leur salut s'éloignent du Seigneur est dû en partie à la qualité de nos prédicateurs. Nous devrions demander au Seigneur des prédicateurs qui connaissent d'expérience la croix, dont l'union au Seigneur dans Sa mort et dans Sa résurrection est

réelle, dont la consécration est complète et qui sont quotidiennement
en train d'être remplis du Saint-Esprit. Si nous ne demandons pas et
ne recevons pas de tels prédicateurs du Seigneur, nous continuerons
à avoir des hommes centrés sur eux-mêmes, auxquels il manque les
qualifications importantes de base, et par conséquent, le fruit ne de-
meurera pas, car : «Tel père, tel fils.»

Sommes-nous qualifiés pour la tâche consistant à porter du fruit
abondant ? Nos mains sont-elles pures ? Connaissons-nous la puissance du Saint-Esprit promis ? Nos coeurs brûlent-ils d'amour pour
Dieu et pour l'homme ?

DU FRUIT ABONDANT

Porter beaucoup de fruit est le résultat du fait de demeurer dans
le Seigneur, d'une dépendance totale vis-à-vis du Seigneur de la
moisson, et de l'Esprit de la moisson. Les premiers disciples du Seigneur apprirent très tôt cette leçon dans leur marche avec le Seigneur.
Cela se passa au lac de Génésareth. Les disciples avaient travaillé en
vain toute la nuit, espérant attraper du poisson, quand Jésus dit à Simon « *Avance en pleine eau et jetez vos filets pour pêcher*» (Luc 5 : 4). En
entendant cela, Pierre dit : «*Maître nous avons travaillé toute la nuit sans
rien prendre, mais sur ta parole je jetterai le filet.*» (Luc 5 : 5). Dès qu'il
l'eut fait, leur pêche fut si phénoménale que leurs filets commencè-
rent à se rompre. De cette histoire, nous pouvons tirer plusieurs le-
çons sur l'abondance du fruit que nous sommes invités à porter.

La première est que le fruit abondant est le résultat du fait d'agir
sur l'ordre de Jésus. Nous devons tous chercher à connaître si le service spirituel dans lequel nous sommes engagés a été ordonné par
Dieu. La tâche doit être conçue par Dieu et planifiée par Dieu. Ce doit

être l'œuvre de Dieu confiée à l'homme. C'est Lui qui doit nous y appeler individuellement. Il ne veut pas simplement des ouvriers occasionnels. Il veut des personnes précises pour certaines tâches, à des lieux et des moments bien définis. Le Saint Esprit, qui est le Directeur de l'Entreprise Missionnaire de Dieu choisit les hommes, sélectionne les domaines et la durée de leurs activités, en indique les délimitations, et place les frontières. Nous devons nous arrêter et nous demander à propos du travail que nous faisons : «Est-ce Dieu qui m'a appelé à cette tâche, ou bien l'ai-je entreprise de ma propre initiative ?» Tout travail entrepris de notre propre initiative n'est pas le travail de Dieu, et Il ne s'y engagera probablement jamais. Il se peut que ce travail porte beaucoup de fruit, mais serait-ce un fruit durable ou simplement du bois, de la paille, du chaume ? Quand le Seigneur dit : « vas-y», nous pouvons nous attendre à du fruit qui glorifie Son nom. Cela doit être notre but.

La deuxième leçon est que le fruit abondant est le résultat du fait de lancer les filets en eaux profondes. Se trouver en eaux profondes est très inconfortable ; c'est aussi risqué. Beaucoup préfèrent les eaux de surface. Dans le domaine spirituel, il y en a qui aiment prêcher dans des conditions de confort, où le logement est fourni, la nourriture abondante, et l'auditoire important et de qualité. Les écoles d'accès facile, avec des enseignants débordant de cordialité, sont celles qui sont souvent envahies par toutes sortes d'enseignants et de prédicateurs de différentes doctrines. Un tel travail est un travail commode. Il ne peut produire ce que Dieu considère comme étant du fruit abondant. Nous engager en eaux profondes comprendra le fait d'aller en des endroits difficiles, sans garantie de confort et avec peu de chances d'avoir un grand auditoire. En de tels lieux, le Seigneur pourrait joyeusement permettre au disciple d'expérimenter la joie du Seigneur, en lui permettant de partager l'expérience de n'avoir, comme Lui, aucun lieu pour reposer sa tête. Il est beaucoup plus facile de présenter Christ à des gens agréables et aimables. Mais il y a des personnes agressives et difficiles. Le Seigneur est mort aussi pour elles, et Il s'attend à ce que nous leur rendions également ministère. Sommes-nous prêts, mettant de côté notre amour du confort, à aller vers ces gens sans savoir ce qui nous attend ? Le Seigneur Jésus est allé vers des personnes de tout genre, et le vrai disciple doit suivre Ses pas.

Au tout début de sa carrière de prédicateur, mon père fut envoyé pour entreprendre un travail pionnier d'évangélisation dans une partie du Cameroun réputée pour être dangereuse et probablement peuplée de cannibales. Personne de notre tribu ne s'était encore rendue à cet endroit. Quand mon père arriva à la maison et annonça à ses parents et à ses proches qu'il allait partir pour cette région, tout le monde éclata en sanglots. Contrairement à toute attente, les personnes qu'il y trouva le reçurent avec amabilité, et il travailla plusieurs années dans cette région. L'Eglise qu'il y a fondée a aujourd'hui des milliers de membres. «*En vérité en vérité je vous le dis, si le grain de blé qui est tombé en terre ne meurt, il reste seul, mais s'il meurt, il porte beaucoup de fruit.*» (Jean 12 : 24).

RENIER LE SEIGNEUR

Nous vivons dans une époque enfiévrée par les chiffres. Beaucoup aiment demander : «Combien d'âmes avez-vous conduites à Jésus Christ ? Combien de personnes ont été sauvées au cours de ces réunions ?» Une pression évidente est exercée en ce qui concerne les chiffres, et beaucoup sont tentés d'exagérer les leurs pour gagner l'estime de leurs interlocuteurs. Nous ne sommes pas contre le fait que beaucoup d'âmes soient sauvées. Au contraire, notre plus profond désir est de voir des millions de personnes parvenir au salut. Il y a également une grande recherche de miracles comme une fin en soi, et une véritable pression est exercée sur des gens pour «fabriquer des miracles». De ce fait, miracles et nombre de convertis peuvent être trompeurs. Ils peuvent gonfler l'orgueil d'une personne qui n'appartient pas vraiment au Seigneur. *«Ceux qui me disent : Seigneur, Seigneur n'entreront pas tous dans le royaume de Dieu - Plusieurs me diront en ce jour-là : Seigneur, Seigneur, n'avons nous pas prophétisé par ton Nom ? Alors je leur dirai ouvertement : je ne vous ai jamais connus, retirez-vous de moi, vous qui commettez l'iniquité.»* (Matthieu 7 : 21-23).

Nous pouvons prophétiser, prêcher, enseigner, évangéliser, chasser des démons et faire toutes sortes de miracles ; nous pouvons gagner des âmes par centaines ou par milliers pour le Seigneur, et cependant, s'entendre dire : «Je ne t'ai jamais connu, tu n'as pas fait la volonté de mon Père».

Notre plus grand souci est donc de porter dans notre vie des marques authentiques de la croix, de rechercher, de découvrir et d'accomplir la volonté du Seigneur. A la lumière de tout cela, que dira le Seigneur à notre sujet et au sujet de notre oeuvre ? Dira-t-il : «Je ne vous ai jamais connus, retirez-vous de moi, vous qui commettez l'iniquité», ou bien dira-t-il : «Venez, vous les bénis de mon Père, recevez le royaume préparé pour vous depuis la fondation du monde parce que vous avez fait la volonté de mon Père» ?

CHAPITRE 4

LE CHEMIN DU DISCIPLE : LA SOUFFRANCE

JESUS, L'EXEMPLE SUPREME

Le Seigneur Jésus a souffert. Avant Sa naissance, le prophète Esaïe l'avait décrit comme un homme de souffrance (Esaïe 53 : 3) Chaque pas que Jésus fit, depuis le moment où Il quitta la gloire du ciel pour la terre, jusqu'au moment de Sa glorification dans les cieux, fut marqué par la souffrance. Il dit Lui-même : *«qu'il fallait que le Fils de l'homme souffrît beaucoup et qu'il fût rejeté»* (Marc 8 : 31). Sa souffrance fut à la fois spirituelle (intérieure) et physique (extérieure).

Dans le domaine spirituel, Il a dû souffrir la douleur de quitter la gloire du ciel, et accepter de descendre dans la dégradation humaine, de naître dans une étable, et de vivre de façon obscure pendant trente ans. Il souffrait la douleur de voir ceux qui avaient besoin de Son message le rejeter ; d'être faussement accusé de Se servir de la puissance du diable ; d'être trahi par l'un de Ses disciples, d'être abandonné par tous Ses disciples au moment de grande détresse ; d'être renié par un ami très proche ; et finalement d'être abandonné du Père pour mourir seul sur la croix en criant : *«Mon Dieu, mon Dieu pourquoi m'as tu abandonné ?»* (Matthieu 27 : 46) .

Dans le domaine physique, Il souffrit de la faim, lors du jeûne de quarante jours qui précéda Son ministère public ; Il connut la souffrance lorsqu'Il S'en allait partout guérissant les malades et prêchant l'Evangile du royaume de Dieu ; Il souffrit au cours de la prière au point de voir Sa sueur se transformer en grumeaux de sang ; Il souffrit alors qu'il était fouetté et battu. Il souffrit alors qu'Il portait la couronne d'épines, et porta la lourde croix et finalement, Il souffrit alors qu'on Lui enfonçait des clous dans la chair et qu'on Le laissa mourir là seul, comme le plus grand des criminels.

Il fallait cependant que Christ souffre pour le salut des pécheurs.

Dès qu'Il devint homme, Il eut besoin d'être rendu parfait, et la souffrance fut l'instrument que Dieu avait choisi. Dans ce sens, la souffrance fut un grand bienfait à notre Seigneur. La Bible dit : « *Il convenait, en effet, que celui pour qui et par qui sont toutes choses, et qui voulait conduire à la gloire beaucoup de fils, élevât à la perfection par les souffrances, le Prince de leur salut.*» (Hébreux 2 : 10). « *En conséquence, il a dû être rendu semblable en toutes choses à ses frères, afin qu'il fût un souverain sacrificateur miséricordieux et fidèle dans le service de Dieu, pour faire l'expiation des péchés du peuple ; car, ayant été tenté lui-même dans ce qu'il a souffert, il peut secourir ceux qui sont tentés.*» (Hébreux 2 : 17-18). «*A appris bien qu'il fût Fils, l'obéissance par les choses qu'il a souffertes, et qui, après avoir été élevé à la perfection, est devenu pour tous ceux qui lui obéissent l'auteur d'un salut éternel.*» (Hébreux 5 : 8-9). «*Mais (Il) s'est dépouillé lui-même, en prenant une forme de serviteur, en devenant semblable aux hommes ; et ayant paru comme un simple homme, il s'est humilié lui-même, se rendant obéissant jusqu'à la mort, même jusqu'à la mort de la croix. C'est pourquoi aussi Dieu l'a souverainement élevé, et lui a donné le nom qui est au-dessus de tout nom, afin qu'au nom de Jésus tout genou fléchisse dans les cieux, sur la terre et sous la terre, et que toute langue confesse que Jésus Christ est Seigneur, à la gloire de Dieu le Père.*» (Philippiens 2 : 7-11). La souffrance de Jésus était donc nécessaire pour Sa perfection en tant qu'homme, dans Son ministère parmi les hommes et pour les hommes, et finalement, elle était indispensable pour Sa glorification.

LA SOUFFRANCE DU DISCIPLE

La souffrance était indispensable au perfectionnement du Fils béni de Dieu, dans Sa forme humaine. Elle sera même d'un plus grand secours pour le disciple nécessairement imparfait. Jésus savait que Ses disciples auraient à souffrir. Il les prévint en disant : «*Le disciple n'est pas plus grand que son maître. S'ils m'ont persécuté, ils vous persécuteront aussi.*» (Jean 15 : 20). Cet avertissement était-il uniquement pour les premiers disciples ? Il dit plus loin : « *Vous serez haïs de tous à cause de mon nom*» (Matthieu 10 : 22).

Après bien des années passées à l'école de la souffrance, l'apôtre Paul dit : « *Tous ceux qui veulent vivre pieusement en Jésus Christ seront persécutés*». (2 Timothée 3 : 12). Les souffrances font partie du privilège de Lui appartenir, car l'apôtre dit : « *Il vous a été fait la grâce par rapport à Christ, non seulement de croire en lui, mais encore de souffrir pour lui.*» (Philippiens 1 : 29).

Bien plus, souffrir est le lot de l'humanité, mais toute souffrance n'est pas nécessairement souffrance à cause de Christ. On peut distinguer quatre catégories de souffrances.

A) LES SOUFFRANCES QUI ONT UNE CAUSE NATURELLE

Tremblement de terre, sécheresse, inondation, accident, deuil, et toute détresse de ce genre surviennent dans la vie du chrétien, puisqu'il fait partie d'une race encore sous la malédiction. Cela ne lui arrive pas parce qu'il appartient à Christ. Ce n'est donc pas souffrir à cause de l'Evangile. C'est pourquoi, si votre père meurt ou perd de l'argent ou son emploi, il ne faut pas appeler cela une croix. Cela n'en est pas une. Cependant il est possible que ces circonstances soient utilisées pour notre bien, et tout chrétien devrait s'y préparer.

B) LES SOUFFRANCES CAUSÉES PAR LE PÉCHÉ

Quand un chrétien pèche, très souvent le Seigneur le punit et l'Etat pourrait également agir. Un chrétien qui échoue à son examen parce qu'il n'a pas bien étudié n'est pas en train de souffrir pour Christ. C'est la même chose pour un homme qui perd son emploi à cause de son incompétence. Les étudiants qui organisent des réunions de prières aux heures proscrites par le règlement scolaire s'exposent à une punition. Ces personnes ne devraient pas confondre cela avec les souffrances à cause de Christ. Il ne s'agit pas de la même chose. Au contraire, ces personnes devraient se repentir d'avoir déshonoré le nom du Seigneur. L'apôtre Pierre demande : «*Quelle gloire y a-t-il à supporter de mauvais traitements pour avoir commis des fautes ?*» (1 Pierre 2 : 20) Réponse : «Aucune».

C) LA SOUFFRANCE QUI A POUR BUT NOTRE EDUCATION ET NOTRE DISCIPLINE

Lorsqu'un disciple sort du chemin étroit, il sera soumis à une discipline pour qu'il y revienne. Ce faisant, Dieu pourrait frustrer certains de ses plans qui sont hors de Sa volonté afin que le disciple apprenne à Le suivre.

Tout cela est source de souffrances, mais ne constitue pas le fait de porter sa croix. Nous devons cependant les prendre en considération. La Bible dit : «*Mon fils, ne méprise pas le châtiment du Seigneur, et ne perds pas courage lorsqu'il te reprend ; car le Seigneur châtie celui qu'il aime et il frappe de la verge tous ceux qu'il reconnaît pour ses fils.*» (Hébreux 12 : 5-6).

En plus du châtiment, il y a la souffrance qui provient du processus d'émondage. L'émondage est pour ceux qui aiment Jésus, qui portent beaucoup de fruit, mais dont les imperfections empêchent de porter encore plus de fruit. Parlant de cela, Jésus dit : «*Tout sarment qui porte du fruit il (le Père) l'émonde afin qu'il porte encore plus de fruit.*» (Jean 15 : 2).

Prenons l'exemple d'un jeune homme qui aime profondément le Seigneur et qui est à l'œuvre dans Son service avec quelque succès.

Cependant, ce disciple pourrait être orgueilleux et plein de lui-même. Cet orgueil doit être émondé pour cesser d'être un obstacle pour son service. Il n'a pas besoin de demander à Dieu de traiter son orgueil. Dieu le fera sans qu'on le Lui demande. Il arrangera les circonstances de façon à saper l'importance du disciple et à le ramener à l'humilité. Il pourrait échouer à un examen bien qu'étant brillant ; un projet spirituel dans lequel il est engagé pourrait être frustré ; on pourrait préférer quelqu'un de moins mûr, de moins doué que lui pour l'exercice d'un ministère. Tout cela est douloureux et bien humiliant, mais il s'agit de débarrasser le disciple d'un point faible. S'il voit ses fautes et cède sous la main d'émondage de Dieu, les résultats attendus seront manifestés. Mais s'il continue à se justifier et à s'élever lui-même, Dieu devra alors déployer de nouvelles méthodes, et le douloureux processus devra durer plus longtemps.

D) LA SOUFFRANCE A CAUSE DU CHOIX DÉLIBÉRÉ POUR CHRIST ET POUR L'EVANGILE

C'est le genre de souffrances dans lesquelles Jésus invite tous Ses disciples. Elles doivent être pour Christ et elles doivent être volontaires. Il doit toujours y avoir la possibilité de dire «non». C'est cela porter notre croix, et les gens décident de la prendre ou de la rejeter. Ce genre de souffrances réservées aux disciples est au cœur de la volonté de Dieu. Les chrétiens dont le mot d'ordre est « sécurité d'abord » ne sont pas concernés ici. Cette souffrance peut se manifester intérieurement ou extérieurement.

Le disciple souffre et gémit lorsqu'il entend le nom de Jésus blasphémé. Quand Jésus est traité avec mépris et appelé de toutes sortes de noms méchants et dégradants, le cœur du disciple sera atteint comme si on lui transperçait l'âme. Il n'y a que ceux qui aiment Jésus profondément qui peuvent souffrir de cette manière.

Il y aura aussi la souffrance pendant que ce disciple lutte contre la tentation dans l'être intérieur. Des fois, le diable, dans un assaut terrible, essaiera de pousser le disciple à se livrer au péché. La détermination de ne pas céder intensifiera le conflit au point où le disciple est secoué dans tout son être, presque brisé, dans son effort pour tenir bon. Il s'agit là peut-être de la plus pénible des souffrances, qui ne viennent qu'à ceux qui sont déterminés à voir le royaume de Dieu s'établir dans leur cœur.

Il y a quelques années, le Seigneur m'avait convaincu de donner à un inconnu, l'un de mes deux costumes. Après que j'eus nettoyé et emballé le costume pour le donner, tout mon être protestait. C'était dur, mais Dieu me fit la grâce de pouvoir m'en séparer. Le disciple qui est appelé à sacrifier tout ce qu'il a pour Jésus, souffrira alors que tout ce qui lui était cher est enlevé. Cela fait partie de la vie de disciple.

L'autre aspect de la souffrance est extérieure. Cela pourrait être des choses simples telles que : un surnom, un manque d'égards, être ignoré ou traité avec mépris, être évité ou exaspéré. A un autre niveau, cela peut signifier ne pas obtenir de place dans une école, ou se voir refuser un emploi parce que l'on ne veut pas donner de «pots de vin», bien que l'on remplisse toutes les conditions pour être accepté. Les possessions du disciple peuvent être détruites à cause de son témoignage pour Christ, car le méchant ne peut supporter le témoignage du juste. En Sierra Leone, le dépôt de riz d'un chrétien cultivateur fut incendié juste après la moisson. La perte de sa récolte n'eut d'autre raison que son hardi témoignage de l'Evangile. Des jeunes gens sont quelquefois renvoyés de chez eux à cause de leur témoignage chrétien. Je connais un jeune homme qui a été renié par son père parce qu'il se sentait appelé à la fonction impopulaire de pasteur. Il est maintenant pasteur, mais a profondément souffert de la séparation de ceux qu'il aimait. Les disciples peuvent être battus ou tués comme les martyrs de l'Ouganda et tous ceux dont nous avons entendu parler. *«Ils furent lapidés, sciés, torturés, ils moururent tués par l'épée.»* (Hébreux 11 : 37).

Le genre de souffrance variera. Au début, le Seigneur permettra des souffrances légères au disciple ; mais avec le temps, pendant qu'il persévère, il sera conduit à des souffrances plus importantes. L'apôtre Paul est l'exemple d'un homme qui souffrit pour Christ, et pour notre instruction, il nous donne un aperçu de ce par quoi il est passé : « *cinq fois j'ai reçu des Juifs quarante coups moins un, trois fois j'ai été battu de verges, une fois j'ai été lapidé, trois fois j'ai fait naufrage, j'ai passé un jour et une nuit dans l'abîme. Fréquemment en voyage, j'ai été en péril sur les fleuves, en péril de la part des brigands, en péril de la part de ceux de ma nation, en péril de la part des païens, en péril dans les villes, en péril dans les déserts, en péril sur les mers, en péril parmi les faux frères. J'ai été dans le travail et dans la peine, exposé à de nombreuses veilles, à la faim, et à la soif, à des jeûnes multipliés, au froid et à la nudité»* (2 Corinthiens 11 : 24-27). Voilà ce qu'il avait souffert pour le Seigneur. Paul était un sacrifice vivant. Finalement, il fut tué à cause de l'Evangile, mais cette mort ultime ne fut que l'aboutissement d'un long processus de mort quotidienne avec Christ. Il avait dit auparavant : *«Je ne fais pour moi-même aucun cas de ma vie, comme si elle m'était précieuse, pourvu que j'accomplisse ma course avec joie, et le ministère que j'ai reçu du Seigneur Jésus, d'annoncer la bonne nouvelle de la grâce de Dieu.»* (Actes 20 : 24) et *«Chaque jour je suis exposé à la mort.»* (1 Corinthiens 15 : 31). La mort ultime n'a pas été un événement plus important que la mort quotidienne.

La question que chaque disciple doit se poser est la suivante : «L'attitude de mon coeur est-elle définitivement établie pour endurer la souffrance pour Sa cause ? Est-ce que mon esprit est armé de la pensée de souffrir pour l'Evangile ? Suis-je prêt à déclarer que Jésus est le seul chemin qui mène à Dieu, même si cela signifie la mort pour moi ? Suis-je prêt à dénoncer le péché de quiconque même si je suis mis à mort à cause de cela ?» Chacun d'entre nous doit peser avec soin ces questions et demander à Dieu de nous montrer quelle est notre attitude profonde. Nous devons éviter un «OUI», rapide et superficiel, car le temps mettra à l'épreuve notre sincérité. Il peut venir un jour où il y aura une persécution ouverte et où certains perdront leur vie à cause de Jésus. Serons-nous prêts à souffrir pour Lui ? Qu'avons nous souffert pour Lui jusqu'à présent ? Jésus te demande aujourd'hui : «qu'as-tu souffert pour Moi?»

Il est possible de se résigner et de dire : «Il me semble que je n'ai pas le choix, que puis-je faire d'autre ?» Mais cela n'est pas l'attitude de Jésus. Il accepta la volonté de Dieu avec joie. Le jour précédent Sa mort, à la pensée de la croix qui l'attendait de façon certaine, Il dit : *«Maintenant, le Fils de l'homme a été glorifié, et Dieu a été glorifié en lui.»* (Jean 13 : 31).

L'apôtre Paul se réjouissait de ses souffrances pour Christ et même aspirait à souffrir davantage avec Lui, car tout ce qu'il voulait, c'était de connaître la puissance de la résurrection de Christ, de partager les souffrances de Christ, et de se conformer à Christ dans Sa mort. (Philippiens 3 : 10).

L'Eglise primitive considérait aussi la souffrance pour Christ comme un privilège béni. *«Les apôtres se retirèrent de devant le sanhédrin, joyeux d'avoir été jugés dignes de subir des outrages pour le nom de Jésus.»* (Actes 5 : 41).

Considérons-nous le fait de pouvoir suivre Ses traces comme un privilège selon que le dit l'Ecriture : *«C'est à cela que vous avez été appelés, parce que Christ aussi a souffert pour vous, vous laissant un exemple afin que vous suiviez ses traces»* ? (1 Pierre 2 : 21) *«Mes frères, regardez comme un sujet de joie complète les diverses épreuves auxquelles vous pou-*

vez être exposés, sachant que l'épreuve de votre foi produit la patience» (Jacques 1 : 2-3). *«Heureux serez-vous, lorsqu'on vous outragera, qu'on vous persécutera, et qu'on dira faussement de vous toute sorte de mal, à cause de moi.»* (Matthieu 5 : 11). *«Si vous êtes outragés pour le nom de Christ, vous êtes heureux, parce que l'esprit de gloire, l'esprit de Dieu, repose sur vous.»* (1 Pierre 4 : 14).

Le disciple qui souffre en murmurant, souffre en vain, car telle ne fut pas l'attitude du Maître. La récompense est pour ceux qui, à l'exemple de Jésus, ne répliquent pas lorsqu'ils sont injuriés. Lorsque ces disciples souffrent, ils ne menacent pas, ils ne se plaignent pas, *«mais s'en remettaient à celui qui juge justement»* (1 Pierre 2 : 23). Comme Job, le vrai disciple, même lorsqu'il souffre intensément, se prosterne dans l'adoration en disant : *«Que le nom de l'Eternel soit béni.»* (Job 1 : 21).

La souffrance du disciple dure peu de temps (1 Pierre 1 : 1-6, 5 : 10). Par la souffrance, le Roi céleste perfectionne le disciple pour le royaume à venir, comme le ferait un habile joaillier. Il ne laissera pas le métal dans le fourneau, une seconde de plus qu'il ne faut pour sa perfection. Si votre souffrance dure depuis longtemps, il se pourrait que vous soyez un métal extrêmement précieux qui nécessite de recevoir de Ses mains le meilleur traitement. Vos souffrances actuelles, aussi profondes soient-elles, n'ont rien de comparable à la gloire à venir. Deux apôtres qui connaissaient la souffrance l'ont exprimée de cette manière : *«J'estime que les souffrances du temps présent ne sauraient être comparées à la gloire à venir qui sera révélée pour nous.»* (Romains 8 : 18). *«Réjouissez-vous, au contraire, de la part que vous avez aux souffrances de Christ, afin que vous soyez aussi dans la joie et dans l'allégresse lorsque sa gloire apparaîtra.»* (1 Pierre 4 : 13).

CHAPITRE 5

LA RÉCOMPENSE
DU DISCIPLE

Être disciple est une affaire très coûteuse, et dans les moments de sérieuses difficultés, on peut se demander : «Pourquoi m'embarquer dans tous ces problèmes de souffrance avec Christ ? Pourquoi ne pas abandonner ? Y a-t-il une récompense ?» Ces questions ne sont pas nouvelles. Les premiers disciples les avaient également posées. Pierre avait demandé au Seigneur Jésus : «*Voici, nous avons tout quitté, et nous t'avons suivi ; qu'en sera-t-il pour nous ?*» (Matthieu. 19 : 27). A cette question Jésus répondit : «*Je vous le dis en vérité, il n'est personne, qui ayant quitté, à cause de moi et à cause de la bonne nouvelle, sa maison, ou ses frères, ou ses soeurs, ou sa mère, ou son père, ou ses enfants, ou ses terres, ne reçoive au centuple, présentement dans ce siècle-ci, des maisons, des frères, des soeurs, des mères, des enfants et des terres avec des persécutions et, dans le siècle à venir, la vie éternelle. Plusieurs des premiers seront les derniers et plusieurs des derniers seront les premiers.*» (Marc 10 : 29-31).

Le Seigneur Jésus dit aussi : «*Heureux serez-vous, lorsqu'on vous outragera, qu'on vous persécutera et qu'on dira faussement de vous toute sorte de mal, à cause de moi. Réjouissez-vous et soyez dans l'allégresse, parce que votre récompense sera grande dans les cieux.*» (Matthieu. 5 : 11-12).

D'après ces passages, il ressort que la récompense du disciple est double : il est d'abord récompensé dans cette vie, et ensuite dans la vie à venir.

LA RECOMPENSE DANS CETTE VIE

La récompense du disciple dans cette vie est aussi bien matérielle que spirituelle.

A) - RÉCOMPENSE MATÉRIELLE

Le disciple n'est pas toujours celui qui donne. Souvent, il reçoit en retour. Pendant deux ans, j'ai été évangéliste itinérant. Je peux honnêtement dire que j'ai eu des «maisons» dans tout le pays. Partout où j'allais, j'étais bien traité par les croyants et même quelquefois, des non-croyants ont exceptionnellement été hospitaliers. Je me retrouvais chez moi à plusieurs endroits. Les chrétiens âgés étaient pour moi des pères et des mères, et les jeunes chrétiens, filles comme garçons, étaient pour moi des frères et des soeurs très chers, bien plus chers que ceux de ma famille qui ne connaissent pas le Seigneur Jésus Christ. Je crois qu'il y a eu un plus grand nombre de portes ouvertes pour me recevoir, et que j'ai reçu une plus grande hospitalité que beaucoup de personnalités importantes du monde qui ne sont pas disciples de Jésus Christ.

Dans une des écoles, le bâtiment d'enseignement des arts ménagers fut mis, pour le week-end, à la disposition de l'Union Chrétienne. Le Président et moi étions logés dans la même chambre. De jeunes chrétiennes, qui faisaient partie des responsables, venaient chaque jour préparer les repas que nous prenions ensemble ! C'était merveilleux. Par contre, à un autre endroit, et bien que le professeur chez qui je devais loger se soit enfui des heures avant mon arrivée par peur de l'Evangile, on prit également bien soin de moi.

Je crois que tous les disciples bénéficient de l'hospitalité. Certains sont transportés gratuitement ou ont une voiture à leur disposition. Tous les disciples du Maître ont reçu une aide financière, de telle sorte que, malgré le fait que tous ont connu le besoin à un moment ou à un autre, ils ont aussi tous connu l'abondance. Le jeune homme dont j'ai fait mention précédemment, qui avait été rejeté par son père à cause de son désir d'entrer dans le ministère, fut pris en charge par des chrétiens. Ceux-ci s'occupèrent de lui et de sa formation. Il est maintenant un ministre de l'Evangile. Il ne manque de rien.

B) - RÉCOMPENSE SPIRITUELLE

Le Seigneur promit la paix aux disciples par ces paroles de réconfort : «*Je vous laisse la paix. Je vous donne ma paix. Je ne vous la donne pas comme le monde la donne. Que votre coeur ne se trouble point, et ne s'alarme point.*» (Jean 14:27).

Le monde est comme une bouilloire. Seul le disciple peut connaître la paix dans ce monde, car la paix est produite au ciel et lui est accordée par le Seigneur Jésus. Les difficultés abondent et se trouveront toujours sur son chemin. Le disciple sera «*pressé de toute manière, mais non réduit à l'extrémité ; dans la détresse, mais non dans le désespoir ; persécuté, mais non abandonné ; abattu, mais non perdu.*» (2 Corinthiens 4 : 8-9). Au moment le plus sombre, lorsque toutes les armées de l'enfer se dresseront contre lui et son ministère, sa santé ou ses affaires ; lorsqu'il devra apparaître devant un tribunal ou même être exécuté à cause de sa foi, Dieu Lui-même sera à ses côtés. L'apôtre Paul témoigna de cela comme suit : «*Dans ma première défense, personne ne m'a assisté, mais tous m'ont abandonné (...) C'est le Seigneur qui m'a assisté et qui m'a fortifié (...) Le Seigneur me délivrera de toute oeuvre mauvaise et il me sauvera pour me faire entrer dans son royaume céleste.*» (2 Timothée 4 : 16-18).

Le disciple a aussi accès au Dieu trinitaire : Père, Fils, et Saint-Esprit qui habite en lui. Il peut communiquer directement avec le Père et lui parler de ses besoins. Il peut élever une juste requête à Dieu et être sûr d'être exaucé ; car «*Nous avons auprès de lui cette assurance, que si nous demandons quelque chose selon sa volonté, il nous écoute. Et si nous savons qu'il nous écoute, quelque chose que nous demandions, nous savons que nous possédons la chose que nous lui avons demandé.*» (1 Jean 5 : 14-15). En plus de cela, le disciple sait avec certitude que quelque terrible qu'a été son passé, le Seigneur l'a effacé et l'a complètement pardonné, car il dit : «*Je ne me souviendrai plus de leurs péchés ni de leurs iniquités.*» (Hébreux 10:17). Et ailleurs : «*Il aura encore compassion de nous, il mettra sous ses pieds nos iniquités. Tu jetteras au fond de la mer tous leurs péchés.*» (Michée 7 : 19). Voilà des récompenses réelles et immédiates.

Pour couronner toutes ces récompenses de cette vie, Dieu accorde au disciple fidèle l'assurance qu'il ne périra point, mais qu'il a la vie éternelle. Jésus dit : «*Mes brebis entendent ma voix ; je les connais, et elles me suivent. Je leur donne la vie éternelle ; et elles ne périront jamais, et personne ne les ravira de ma main. Mon père, qui me les a données, est plus grand que tous ; et personne ne peut les ravir de la main de mon Père. Moi et le Père, nous sommes un.*» (Jean 10 : 27-30). Personne ne peut arracher le disciple obéissant des mains du Sauveur. Personne, même pas le diable, ne peut y arriver. Beaucoup essaieront, le diable essaiera, mais en vain.

La vie éternelle du disciple est garantie. En fait, la vie éternelle a commencé ; car la Bible dit : «*Et voici ce témoignage, c'est que Dieu nous a donné la vie éternelle, et que cette vie est dans son Fils. Celui qui a le Fils a la vie ; celui qui n'a pas le Fils de Dieu n'a pas la vie. Je vous ai écrit ces choses, afin que vous sachiez que vous avez la vie éternelle, vous qui croyez au nom du Fils de Dieu.*» (1 Jean 5:11-13). Cela est certain parce que «*Celui qui a commencé en vous cette bonne oeuvre la rendra parfaite pour le jour de Jésus-Christ.*» (Philippiens 1 : 6). Ainsi, le Maître et Seigneur du disciple vient vivre en lui, puis marche à ses côtés, lui montrant les écueils et comment les éviter, et à la fin de sa vie, l'introduit dans la présence glorieuse de Dieu.

Rien d'étonnant que les disciples soient si confiants devant la mort. L'un d'eux a dit : «*Christ est ma vie, et la mort m'est un gain.*» (Philippiens 1 : 21). Et avant d'être exécuté à cause de l'Evangile, ce même disciple déclara : «*Pour moi, je sers déjà de libation, et le moment de mon départ approche. J'ai combattu le bon combat, j'ai achevé la course, j'ai gardé la foi. Désormais la couronne de la justice m'est réservée; le Seigneur, le juste juge, me la donnera dans ce jour-là, et non seulement à moi, mais encore à tous ceux qui auront aimé son avènement.*» (2 Timothée 4 : 6-8). Avant d'être lapidé, Etienne le premier martyr chrétien s'écria : «*Voici, je vois les cieux ouverts, et le Fils de l'homme debout à la droite de Dieu.*» (Actes 7:56). Oui, le ciel s'ouvrit et le Fils de l'homme le reçut. Le ciel s'ouvre chaque fois que meurt un disciple fidèle, du plus petit au plus grand, et le Fils de l'homme le reçoit. C'est merveilleux de savoir cela et d'en être certain maintenant, afin que, devant les épreuves, les tentations, ou même la mort, nous soyons sûrs que nous avons la vie éternelle.

Toutes ces récompenses sont données au disciple avec des persécutions. Ceux qui fuient la persécution, qui diluent le message de l'Evangile par souci de sécurité, s'éloignent aussi de ces récompenses. Mais ceux qui Le suivent de plus près, et souffrent le plus pour Lui et avec Lui, reçoivent le plus de récompenses en cette vie. Elles sont données au disciple proportionnellement à son amour et à son service pour le Maître.

LA RECOMPENSE DANS LA VIE A VENIR

La récompense du disciple, quoique réelle et abondante dans cette vie, ne s'arrête pas là. Ce qu'il reçoit dans cette vie n'est qu'une tranche initiale, l'avant-goût de grandes choses à venir. Le jour vient où Dieu mettra fin au monde présent par le retour triomphant de Jésus-Christ. Ce jour-là, «*les morts en Christ ressusciteront premièrement. Ensuite, nous les vivants, qui serons restés, nous serons tous ensemble enlevés avec eux sur les nuées, à la rencontre du Seigneur dans les airs et ainsi nous serons toujours avec le Seigneur.*» (1 Thessaloniciens 4 : 16-17). Tous les disciples seront soudain transformés et recevront leurs corps célestes. Leurs corps seront transformés en corps glorieux, merveilleux, semblables à celui du Seigneur.

La Bible dit : «*Nous sommes maintenant enfants de Dieu, et ce que nous serons n'a pas encore été manifesté ; mais nous savons que, lorsque cela sera manifesté, nous serons semblables à Lui, parce que nous le verrons tel qu'il est.*» (1 Jean 3 : 2). Maintenant, nous Le voyons de façon voilée, mais alors, nous Le verrons face à face. Oh ! que ce sera merveilleux ! Voir Jésus tel qu'Il est. T'y attends-tu avec une soif intérieure ? Attends-tu cela avec passion ? Une passion brûlante de Le voir tel qu'Il est ? Le désir de ton coeur te sera accordé en ce jour-là. Non seulement tu Le verras, mais tu seras comme Lui. Ce sera une des plus grandes joies, une des plus grandes merveilles du ciel, à savoir que chaque disciple fidèle sera différent, et cependant, tous seront semblables au Seigneur.

A partir de ce jour, les disciples verront Sa face et Son nom sera écrit sur leur front. «*Il n'y aura plus de nuit, ils n'auront besoin, ni de lampe, ni de lumière parce que le Seigneur Dieu les éclairera.*» (Apocalypse. 22 : 5). Le disciple ne verra pas seulement Jésus, il verra Dieu et Dieu prendra soin de lui ; car la Bible dit : «*Il habitera avec eux, et ils seront son peuple, et Dieu lui-même sera avec eux. Il essuiera toute larme de leurs yeux, et la mort ne sera plus, et il n'y aura plus ni deuil, ni cri, ni douleur, car les premières choses ont disparu.*» (Apocalypse 21: 3-4). Etes-vous accablés d'afflictions par suite de votre fidélité au Seigneur ? Consolez-vous, car Dieu Lui-même essuiera vos larmes et apaisera aussi votre souffrance. Quelle bénédiction! Le diable ne sera plus là pour tenter et troubler. Pécher sera absolument impossible. Ce jour-là, tout ce qui vous a paru perplexe, parce que vous ne voyiez qu'en partie, deviendra brusquement clair.

Le disciple partagera la gloire de Christ, une gloire qui surpasse tout ce que le langage humain peut décrire. Ce sera l'expérience bénie de chaque disciple. Il s'assiéra sur le trône de Dieu avec Christ ; car la Bible dit : «*L'Esprit lui-même rend témoignage à notre esprit que nous sommes enfants de Dieu. Or, si nous sommes enfants, nous sommes aussi héritiers : héritiers de Dieu et cohéritiers de Christ, si toutefois nous souffrons avec lui afin d'être glorifiés avec lui*» (Romains 8 : 16-17). Essayez d'imaginer combien ce sera merveilleux de s'asseoir sur le trône de Dieu avec Christ !

Au ciel, chacun sera pleinement heureux, mais le degré de joie, la capacité de recevoir tout ce qui nous est réservé, variera de façon proportionnelle au degré de notre fidélité et de nos souffrances pour Christ. Ce qui se passera au tribunal de Christ mettra en lumière notre capacité de jouir du bonheur du ciel.

LE TRIBUNAL DE CHRIST

Il y aura un jugement dernier pour l'humanité ; car «*Il est réservé aux hommes de mourir une seule fois, après quoi vient le jugement.*» (Hébreux. 9:27). Le jugement des perdus, ceux qui n'ont pas, par la foi, reçu Christ dans leur vie, sera un jugement de condamnation ; le Seigneur Jésus leur dira alors : «*Retirez-vous de moi, maudits ; allez dans le feu éternel qui a été préparé pour le diable et pour ses anges*» (Matthieu 25 : 41).

Nul disciple de Christ n'entendra de telles paroles, car «*il n'y a donc maintenant aucune condamnation pour ceux qui sont en Jésus Christ.*» (Romains 8:1). Mais, «*tous les disciples devront comparaître devant le tribunal de Christ afin que chacun reçoive selon le bien ou le mal qu'il aura fait, étant dans son corps.*» (2 Corinthiens 5 : 10). Car le jugement du disciple ne sera pas pour savoir si oui ou non il doit périr, car cette question a déjà été réglée par sa foi en Christ. Ce sont la qualité de sa vie et de son service, et l'abondance de ses oeuvres qui seront évaluées. Ce qui comptera, c'est ce que le disciple aura été et ce qu'il aura fait pour le Seigneur après qu'il a été sauvé.

Jésus Christ sera le juge et c'est par le feu qu'il éprouvera la vie et l'oeuvre de chacun. La Bible dit : *«L'oeuvre de chacun sera manifestée ; car le jour la fera connaître, parce qu'elle se révélera dans le feu, et le feu éprouvera ce qu'est l'oeuvre de chacun. Si l'oeuvre bâtie par quelqu'un sur le fondement subsiste, il recevra une récompense. Si l'oeuvre de quelqu'un est consumée, il perdra sa récompense ; pour lui, il sera sauvé, mais comme au travers du feu.»* (1 Corinthiens 3 : 12-15).

Beaucoup de gens servent le Seigneur et souffrent pour Lui pour différentes raisons. Certains servent pour être vus et être loués. Ils ont donc reçu leur récompense ici-bas. D'autres servent pour des avantages matériels. D'autres encore servent par esprit de parti : pour l'avancement de leur groupe, de leur secte, de leur dénomination ou de leur doctrine. D'autres personnes servent le Seigneur, pour Lui-même et rien d'autre. Peu importe quels sont les résultats visibles maintenant. Que quelqu'un prêche et gagne des milliers d'âmes à Christ, que quelqu'un offre des millions pour l'oeuvre de l'Evangile et qu'il offre tout ce qu'il est possible d'offrir ici-bas pour l'oeuvre du Seigneur ; si tout cela est fait par esprit de parti ou pour la publicité de soi-même, cela sera consumé par le feu comme du bois, du foin ou de la paille.

De même, toute oeuvre accomplie en s'appuyant sur la puissance, la personnalité, les techniques humaines, sans dépendre entièrement de la puissance du Saint-Esprit, sera consumée. Il en est de même pour tout ce qui n'a pas été fait par amour pour Dieu et pour l'homme.

Seront donc éprouvés : la qualité et l'ampleur du travail du disciple, ainsi que les motifs qui l'ont inspiré et la puissance qu'il a utilisée. Nous pouvons peut-être nous arrêter un moment pour nous demander : «*Pour quel motif suis-je entrain de servir le Seigneur ? Quelle est l'énergie que j'utilise ? Mon travail est-il fait uniquement pour la gloire de Dieu ? Par amour pour Lui et pour mon prochain?*». Les motifs sont bien plus importants que les actes et au jour du jugement, tout cela sera manifesté.

S'il est de notre devoir de connaître les motifs derrière notre oeuvre, nous ne connaissons pas toujours les mobiles derrière l'œuvre des autres, et il peut souvent nous arriver de nous tromper dans notre jugement les concernant. Mais Jésus connaît les motivations profondes de chaque homme, et le feu en révélera la nature ce jour-là. Rien d'étonnant qu'il ait dit : «*Les premiers seront les derniers*». Certains peuvent passer pour des "grands" hommes et même faire de "grandes" choses, mais leurs motifs pourraient ne pas être justes, et le feu de Dieu montrera leur véritable valeur. D'autres passent pour de grandes personnalités en public, mais sont pleins de péchés dans leur vie privée. Le feu montrera la valeur de chacun . Ce jour-là, Dieu jugera les secrets des coeurs des hommes (Romains 2 : 16) et tout ce qui aura été fait dans les ténèbres, sera manifesté à la lumière .

Ce ne sont pas tous les disciples du Seigneur qui se préoccupent de Le servir. Certains cherchent la moindre occasion de fuir l'engagement spirituel. Certains n'ont vraiment rien qui puisse être éprouvé par le feu . Ils n'ont rien fait du tout. En un jour, la consistance de l'oeuvre accomplie sera considérée tout autant que sa qualité. « *Sachez-le, celui qui sème peu moissonnera peu; celui qui sème abondamment moissonnera abondamment.*» (2corinthiens 9 : 6). Ceux qui s'épuisent et peinent sacrificiellement, dans le labeur en public ou en privé, seront récompensés proportionnellement à leur fidélité.

Très important

Si tu n'as pas encore reçu Jésus comme ton Seigneur et Sauveur, je t'encourage à Le recevoir. Pour t'aider, tu trouveras ci-dessous quelques étapes à suivre :

Admets que tu es un pécheur de nature et par habitude, et que par ton effort personnel, tu n'as aucun espoir d'être sauvé. Dis à Dieu que tu as personnellement péché contre Lui en pensées, en paroles et en actes. Dans une prière sincère, confesse-Lui tes péchés l'un après l'autre. N'omets aucun péché dont tu te souviennes. Détourne-toi sincèrement de tes péchés et abandonne-les. Si tu volais, ne vole plus, si tu commettais l'adultère ou la fornication, ne le fais plus. Dieu ne te pardonnera pas si tu n'as pas le désir de renoncer radicalement au péché dans tous les aspects de ta vie ; mais si tu es sincère, Il te donnera la force de renoncer au péché.

Crois que Jésus-Christ qui est le Fils de Dieu, est l'unique Chemin, l'unique Vérité, et l'unique Vie. Jésus a dit : « *Je suis le chemin, la vérité et la vie. Nul ne vient au Père que par moi* » (Jean 14:6). La Bible dit : « *Car il y a un seul Dieu, et aussi un seul médiateur entre Dieu et les hommes, Jésus-Christ homme, qui s'est donné lui-même en rançon pour tous* » (1 Timothée 2: 5-6). « *Il n'y a sous le ciel aucun autre nom qui ait été donné parmi les hommes, par lequel nous devions êtres sauvés* » (Actes 4:12). « *À tous ceux qui l'ont reçu, à ceux qui croient en son nom, elle a donné le pouvoir de devenir enfants de Dieu* » (Jean 1:12).

Mais,

Considère le prix à payer pour Le suivre. Jésus a dit que tous ceux qui veulent Le suivre doivent renoncer à eux-mêmes. Cette renonciation implique la renonciation aux intérêts égoïstes, qu'ils soient financiers, sociaux ou autres. Il veut aussi que Ses disciples prennent leur croix et Le suivent. Es-tu prêt à abandonner chaque jour tes intérêts personnels pour ceux de Christ ? Es-tu prêt à te laisser conduire dans une nouvelle direction par Lui ?

Es-tu disposé à souffrir et même à mourir pour Lui si c'était nécessaire ? Jésus n'aura rien à faire avec des gens qui s'engagent à moitié. Il exige un engagement total. Il ne pardonne qu'à ceux qui sont prêts à Le suivre à n'importe quel prix et c'est eux qu'Il reçoit. Réfléchis-y et considère ce que cela te coûte de Le suivre. Si tu es décidé à Le suivre à tout prix, alors il y a quelque chose que tu dois faire :

Invite Jésus à entrer dans ton cœur et dans ta vie. Il dit : « *Voici, je me tiens à la porte et je frappe ; si quelqu'un entend ma voix et ouvre la porte (de son cœur et de sa vie), j'entrerai chez lui, je souperai avec lui, et lui avec moi* » (Apocalypse 3:20). Ne voudrais-tu pas faire une prière comme la suivante ou une prière personnelle selon l'inspiration du Saint-Esprit ?

« Seigneur Jésus, je suis un pécheur misérable et perdu, j'ai péché en pensées, en paroles et en actes. Pardonne-moi tous mes péchés et purifie-moi. Reçois-moi, ô Sauveur, et fais de moi un enfant de Dieu. Viens dans mon cœur maintenant même et donne-moi la vie éternelle à l'instant même. Je te suivrai à n'importe quel prix, comptant sur Ton Saint-Esprit pour me donner toute la force dont j'ai besoin. »

Si tu as fait cette prière sincèrement, Jésus t'a exaucé, t'a justifié devant Dieu et a fait de toi à l'instant même, un enfant de Dieu.

S'il te plaît écris-nous afin que nous priions pour toi et que nous t'aidions dans ta nouvelle marche avec Jésus-Christ.

* * *

Si tu as reçu le Seigneur Jésus-Christ après avoir lu ce livre, écris-nous à l'une des adresses suivantes :

Editions du Livre Chrétien
4, Rue du Révérend Père Cloarec 92400 Courbevoie
Courriel : editionlivrechretien@gmail.com

La nature du service spirituel n'est pas la chose qui importe. Ce qui comptera, c'est la fidélité. Un intercesseur fidèle, de même qu'un prédicateur fidèle, recevront des récompenses proportionnelles à leur labeur.

On raconte l'histoire d'une dame riche et de sa servante. Toutes les deux avaient cru et reçu le salut offert en Jésus Christ. La maîtresse donnait d'importantes sommes d'argent pour l'oeuvre du Seigneur ; mais ce qu'elle donnait ne constituait qu'un petit pourcentage de ses immenses richesses. Sa servante se contentait du strict nécessaire, et donnait tout ce qu'elle pouvait de son petit salaire pour l'oeuvre du Seigneur. Toutes les deux moururent et allèrent au ciel par la grâce de Dieu. L'apôtre Pierre, fut chargé par le Seigneur Jésus de les conduire chacune à sa demeure céleste. Alors qu'elles cheminaient sur les rues célestes de perles, elles arrivèrent à une grande demeure merveilleusement construite et d'une richesse incomparable. Quand l'apôtre dit à la servante : «Voici ta demeure céleste», la servante ne put contenir ses transports de joie. L'apôtre et la maîtresse continuèrent leur marche, puis s'arrêtèrent devant une petite maison. Elle était bien bâtie et luxueuse, mais inférieure à la précédente. L'apôtre dit à la maîtresse : «Voici ta demeure céleste». Elle le regarda et dit : «Saint Pierre, tu as dû te tromper, c'est moi la maîtresse, et, elle, la servante. L'autre demeure doit être pour moi et celle-ci pour elle». L'apôtre répondit : «Je ne me suis pas trompé, c'est le Seigneur qui alloue les maisons et nous les construisons avec ce que vous envoyez de la terre ; en plus ici, nous n'avons pas de maîtresses et de servantes».

La phrase « nous construisons ici avec ce que vous envoyez de la terre» nous montre sur quelles bases sont attribuées les récompenses au ciel. Tous les disciples seront parfaitement heureux au ciel, il n'y aura pas le moindre degré de misère pour qui que ce soit, mais l'intensité du bonheur du disciple reflétera toujours combien il a aimé son Maître dans cette vie. Tous les disciples porteront des couronnes et Le loueront éternellement ; mais les couronnes seront toujours un reflet de ce qui s'est passé dans cette vie, et les louanges de ceux qui ont été les plus fidèles seront les plus douces. Lorsque beaucoup de gens se rendent à un aéroport pour accueillir une personne qui revient d'un long voyage, tous sont heureux lorsqu'elle arrive. Mais l'intensité de leur joie variera de l'un à l'autre, selon le degré d'intimité de chacun avec le nouveau venu, et selon l'intensité avec laquelle il l'a désiré, et l'intensité avec laquelle il lui a manqué.

Quand Jésus paraîtra, ceux qui l'ont désiré le plus ardemment, et ceux à qui Il a le plus manqué, auront une satisfaction bien plus profonde que ceux qui L'ont moins désiré, quoique tous soient satisfaits. Chaque disciple peut Le servir fidèlement et L'attendre ardemment de tout son être.

Aucun disciple n'a besoin de la position ni des dons d'un autre pour être fidèle. Le disciple qui est fidèle avec ses dons quelque petits ou grands soient-ils, et qui est fidèle dans la tâche que le Seigneur lui a confiée qu'elle soit petite ou grande, recevra son «bien fait», et s'entendra dire «c'est bien» venez, vous qui êtes bénis de mon Père; prenez possession du royaume qui vous a été préparé dès la fondation du monde. (Matthieu 25:34).

Que chaque disciple continue dont à travailler et laisse la question des récompenses entre les mains du juste Juge. Que le disciple Le serve coûte que coûte en ne faisant aucun cas de sa propre vie. Qu'il souffre pour Lui avec endurance jusqu'à la fin ; car il sait avec assurance que «notre travail n'est pas vain dans le Seigneur», et que sa récompense est grande dans les cieux.

AMEN.